SOCIÉTÉ FRANÇAISE
DE SECOURS AUX BLESSÉS MILITAIRES
(CROIX ROUGE FRANÇAISE)

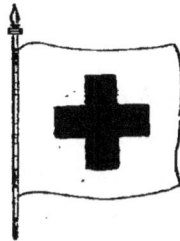

Reconnue comme établissement d'utilité publique par décret du 23 juin 1866
et réglementée par décret du 3 juillet 1884.

~~~

LA CONVENTION DE GENÈVE

ET LA

CROIX ROUGE FRANÇAISE

CONFÉRENCE

FAITE A ELBEUF LE 19 AVRIL 1888

Par le Docteur de WELLING

Président du Comité de la Seine-Inférieure.

~~~

ROUEN
IMPRIMERIE JULIEN LECERF
1888

La Société a pour objet de concourir, par tous les moyens en son pouvoir, au soulagement des blessés et des malades sur les *champs de bataille*, dans les *ambulances* et dans les *hôpitaux*.

D'après l'article 2 du décret du 3 juillet 1884, l'intervention de la Société consiste, en temps de guerre :

1° « *A créer dans les places de guerre et dans les localités qui* » *lui sont désignées par le Ministre de la guerre ou les géné-* » *raux commandant le territoire, suivant le cas, les hôpitaux* » *destinés à recevoir des blessés et des malades appartenant aux* » *armées;* »

2° « *A prêter son concours au service de l'arrière, en ce qui* » *concerne :*
  » *Les trains d'évacuation;*
  » *Les infirmeries de gares;*
  » *Les hôpitaux auxiliaires du théâtre de la guerre.* »

Ce programme d'action a pour conséquence de faire peser sur la Société, dès le temps de paix, des obligations très-étendues en ce qui concerne l'accroissement de ses réserves de matériel d'ambulance et la formation d'un personnel hospitalier.

Elle fait appel à la sollicitude éclairée des pères de famille, au cœur de toutes les mères; elle leur demande de la seconder dans le développement d'une œuvre patriotique, absolument étrangère à toute préoccupation de propagande politique ou religieuse, dévouée exclusivement aux intérêts du pays et de l'armée.

N. B. — La Société de secours aux blessés militaires est actuellement représentée en France par 230 Comités d'hommes et Comités de dames.

SOCIÉTÉ FRANÇAISE

DE

SECOURS AUX BLESSÉS DES ARMÉES DE TERRE ET DE MER

CROIX ROUGE FRANÇAISE.

M. le Maréchal de Mac-Mahon, duc de Magenta, Président de la Société française de Secours aux blessés des armées de terre et de mer, a bien voulu charger M. le Dʳ de WELLING, Président du Comité départemental de la Seine-Inférieure, de faire une conférence à Elbeuf dans le but d'y fonder un Comité.

Cette conférence a eu lieu le Jeudi 19 avril, à 8 heures du soir, dans la salle des Fêtes de l'Hôtel-de-Ville, en présence d'une nombreuse assistance.

M. Duprey, Adjoint, faisant fonctions de Maire, avait bien voulu accepter la présidence d'honneur de cette réunion.

MM. Constant Flavigny, Dʳ Grosclaude et Desbois-Grard, avaient également pris place au Bureau.

Le 4 mai 1888, les Membres du Comité d'Elbeuf, au nombre de plus d'une centaine, se réunirent en assemblée générale pour élire les Membres du bureau, qui se trouve définitivement constitué avec M. Constant Flavigny pour Président.

Le Comité des Dames a élu, dans la même assemblée pour sa Présidente, Madame PIERRE PELLETIER

LA CONVENTION DE GENÈVE

CROIX ROUGE FRANÇAISE

———— ✷ ————

I

DU TRAITEMENT DES VAINCUS ET DES BLESSÉS
AVANT LA CONVENTION DE GENÈVE.

MESDAMES, MESSIEURS,

Les grandes découvertes scientifiques frappent en général l'imagination bien plus fortement que les progrès les plus considérables qui s'accomplissent dans le domaine du monde moral. Cela tient à ce que les phénomènes physiques sont plus tangibles et aussi plus accessibles à l'intelligence du plus grand nombre que les phénomènes moraux qui exigent, pour être bien compris, une instruction plus développée. Mais, par suite de la solidarité qui relie entre elles toutes les sciences, à un progrès dans l'une correspond un progrès parallèle dans une autre, et si les sciences physiques ont atteint une limite très-élevée, les sciences morales, loin de rester en arrière, ont suivi la même marche en avant. La Convention de Genève, dont je vais avoir l'honneur de vous entretenir ce soir, peut être considérée comme le dernier degré, comme la plus haute expression de la charité chrétienne et de la civilisation moderne. Mgr le duc de Nemours a dit, avec juste raison, dans un discours remarquable,[1] que « *c'est dans l'ordre moral, le progrès qui peut-être honorera le mieux notre*

---

1. Bulletin de la *Société de Secours aux blessés militaires*, n° 37, p. 20.

siècle ». Mais ce progrès n'a pas été atteint tout d'un coup. La transformation, dans un sens bienveillant, des sentiments des vainqueurs à l'égard des vaincus et des blessés, s'est faite avec une lenteur extrême, et il a fallu bien des siècles pour en arriver à faire accepter, par la plupart des peuples, les principes d'humanité qui sont la base de cette Convention.

Lorsqu'on veut rechercher à qui revient l'idée première d'un traitement plus humain envers les vaincus et les blessés, on est tout surpris de voir que cette question, loin d'être nouvelle, est, au contraire, vieille comme le monde.

Les histoires grecque et romaine nous offrent plus d'un trait dans lequel on voit apparaître quelques notions de justice envers l'ennemi, et déjà, dans les conseils des *Amphictions,* en Grèce, et dans le collège des *Fétiaux*, à Rome, on trouve quelques notions du droit des gens dans le but d'enrayer la barbarie dans les guerres.

Dans les livres *talmudiques,* on rencontre, au milieu de pensées très-élevées, cette maxime : « Faire tort à un étranger, c'est comme si l'on faisait tort à Dieu même », qui est empreinte d'une très-grande humanité.

En poursuivant ces recherches plus loin dans l'histoire, on trouve, dans l'un des poèmes de la littérature sacrée de l'Inde, le *Mahâbhârata*, des règles de conduite envers les vaincus, qui sont bien remarquables pour l'époque où elles ont été données. Voici les principales d'entre elles : « Quiconque, si puissant qu'il soit, a pitié d'un vaillant ennemi tombé entre ses mains, mérite d'être appelé un *homme*. La réalisation d'un désir, la royauté, la naissance d'un fils, ne valent pas, même réunis, la délivrance d'un ennemi dans la détresse. *Un ennemi blessé doit être soigné dans le pays du vainqueur ou transporté dans sa demeure.* » Cette dernière pensée contient déjà le principe dont la Convention de Genève n'est, en somme, que l'application pratique. Ainsi, à des époques très-différentes, des hommes d'une rare intelligence, des philosophes, des orateurs, avaient entrevu et affirmé la vérité morale. Mais leurs bonnes paroles tombaient dans un champ inculte où elles ne pouvaient se développer. Les peuples restaient plongés dans l'ignorance et dans la barbarie, ne connaissaient que la force et la violence, et ne faisaient aucun cas des idées élevées que des hommes de génie leur avaient enseignées sans le moindre succès. La force primait le droit !

Tous les auteurs qui se sont occupés de cette question s'accordent à dire que c'est au christianisme seul, aux idées de justice et de charité qu'il a répandues dans le monde, qu'est dû le progrès qui s'est produit dans le droit des gens dans les siècles qui suivirent. C'est aussi l'opinion de Montesquieu, car voici ce qu'il dit à ce sujet dans son remarquable traité de l'*Esprit des lois*[1] : « C'est le droit des gens que nous devons au christianisme qui fait que, parmi nous, la victoire laisse aux peuples vaincus ces grandes choses : la vie, la liberté, les lois, les biens et toujours la religion, lorsqu'on ne s'aveugle pas soi-même. » Ce qui justifie cette manière de voir, c'est qu'au point de vue humanitaire, on peut encore, aujourd'hui, diviser les peuples en deux grandes catégories : ceux qui sont chrétiens et ceux qui ne le sont pas. Tout le monde a encore présent à la mémoire les tortures atroces auxquelles on a soumis nos malheureux soldats tombés entre les mains de l'ennemi dans la guerre du Tonkin.

Les aspirations généreuses des grands philosophes de l'antiquité seraient restées lettres mortes si la charité chrétienne ne les avaient fortifiées. C'est par elle seule que se sont accomplis, grâce à des efforts ininterrompus durant des siècles, les progrès que nous constatons aujourd'hui.

Chez les anciens, le *massacre* de tous les habitants du pays ennemi était la règle. Puis, on se contenta de réduire les vaincus en *esclavage;* c'était déjà une première atténuation dans le sort des vaincus. Le *rachat* et la *rançon*, après des efforts séculaires, constituèrent un progrès plus marqué. Enfin, depuis la fin du siècle dernier, l'*échange* est un mode de procéder plus conforme à la dignité humaine. Mais, quant aux blessés, ils n'ont jamais été que l'objet de mesures particulières prises par des chefs d'armée plus humains que d'autres. Du XVIe au XIXe siècle, on trouve 300 conventions signées par des chefs d'armée qui s'étaient concertés entre eux

1. *Esprit des lois*, t. XXIV chap. IV.

pour adoucir le sort des blessés. Dans le traité anglo-français du 6 février 1759, et dans le traité franco-prussien du 7 septembre de la même année, les *ambulances* étaient *neutralisées,* et les médecins et les blessés étaient renvoyés, après guérison, à leurs corps respectifs. En 1743, le maréchal de Noailles et le comte de Stair signaient une convention par laquelle ils s'engageaient à respecter les hôpitaux comme des *sanctuaires*. La capitulation d'Ancône, du 13 novembre 1789, déclare que les blessés doivent être respectés à titre de *dépôt sacré*. Enfin, au siècle dernier, *l'inviolabilité* des hôpitaux militaires fut réclamée avec énergie par le grand chirurgien Percy, dans un rapport remarquable qu'il rédigea pour adoucir le sort des blessés[1].

II

LA CONVENTION DE GENÈVE ET LES SOCIÉTÉS
DE LA CROIX ROUGE.

L'idée de la protection des blessés gagne bien du terrain; cependant la question ne fait aucun pas en avant dans la voie pratique. La guerre de Crimée, si meurtrière, avait de nouveau attiré fortement l'attention sur ce sujet, mais sans résultat aucun. C'est la bataille de Solférino qui peut être considérée comme le véritable point de départ du progrès considérable qui s'est produit dans ces dernières années dans le traitement des blessés. L'histoire rapporte, en effet, que l'empereur Napoléon III ressentit, le soir de la bataille de Solférino, une violente émotion à la vue du sang qui avait coulé[2]. Il est vrai que le sol était couvert de 12,000 cadavres et de 20,000 blessés[3]. Cette émotion fut également partagée par un Suisse, M. Henri Dunant, qui a été témoin de quelques incidents pénibles de cette terrible journée, et qui publia, en 1862, ses *Souvenirs* sur la bataille de Solférino,

1. J. Lacointa : *Conférence de Genève,* 1884.
2. *Les trente dernières années* (1848-1878), par César Cantù, Paris, 1884.
3. L'empereur Napoléon accorda des récompenses aux personnes qui, en Italie, avaient soigné les blessés français avec dévouement.

qui firent une sensation très-grande sur le public. Il y déclare hautement que le service sanitaire officiel est absolument insuffisant, que la charité privée est réduite à l'impuissance à défaut de réglementation, et émet le vœu que l'activité d'associations, fortement établie, fût substituée aux efforts individuels.

Ces pages avaient été écrites avec une conviction profonde qui gagna bien des cœurs ; plusieurs sociétés mirent aussitôt cette question à l'étude, et la *Société genevoise d'utilité publique* se distingua particulièrement par son ardeur à la résoudre, et, le 9 février 1863, on nomma une commission avec les pouvoirs les plus étendus, afin d'aboutir à une solution pratique. Celle-ci provoqua à Genève, le 26 octobre 1863, une *conférence internationale* à laquelle assistèrent les délégués de quatorze gouvernements, six représentants d'associations charitables et quelques personnes d'élite. A l'unanimité la Conférence adopta les résolutions suivantes si bien résumées par M. G. Moynier[1] : « Le service sanitaire officiel est manifestement insuffisant; le concours de la charité privée est indispensable, mais il importe de réglementer cette assistance. Chaque pays aura sa société propre, qui sera autonome; elle pourra se constituer ainsi qu'elle le jugera convenable, sauf en un seul point, *l'unité de direction*, jugée nécessaire pour donner à l'assistance libre toute son efficacité. Un comité central dirigera les différentes branches du service. Les sociétés de secours noueront des relations officielles avec leurs gouvernements respectifs et s'assureront, dès leur formation, que leur concours serait agréé, le cas échéant. La plus grande activité sera apportée, en temps de paix, à la préparation, au perfectionnement du matériel et à l'instruction des personnes appelées à soigner les blessés. Sur l'appel ou avec l'agrément de l'autorité militaire, les comités enverront des infirmiers sur les champs de bataille; ils les mettront alors sous la direction des chefs de l'armée. Le port d'un insigne sera imposé, le même pour tous les pays, afin que sa signification ne soit ignorée nulle part et que les auxiliaires

1. *La Croix Rouge, son passé et son avenir*, par G. Moynier. Genève, 1882.

puissent être partout reconnus. Les sociétés seront aussi invitées à s'*entr'aider.* »

Le 22 août 1864, une nouvelle conférence eut lieu à Genève, et les délégués de seize gouvernements adoptèrent la *Convention* célèbre à laquelle Genève a eu l'honneur d'attacher son nom. L'impartialité la plus élémentaire me fait un devoir d'insister sur ce fait que le succès de cette conférence internationale est dû en grande partie au gouvernement français qui s'appliqua de toutes ses forces à la faire réussir en envoyant à ce sujet des communications diplomatiques à tous les gouvernements et en pesant de toute son influence sur leurs décisions au moment du vote. Aussi est-ce la France qui, le 22 septembre 1864, a signé la première d'entre toutes les nations, cette remarquable convention qui a inscrit d'une façon définitive le *salut des blessés* dans le code de la civilisation.

Il est facile maintenant de se rendre compte du chemin parcouru sur le terrain de la charité, et du progrès accompli dans l'ordre moral. Il suffit de réfléchir à la situation faite aux blessés autrefois et aujourd'hui. Le vaillant capitaine La Noue, interrogé sur le meilleur lit pour un blessé, répond alors bravement : « C'est le fossé où une arquebusade l'a jeté ! » Aujourd'hui, on n'est plus guère de cet avis, et autrefois c'eût été la manière de voir de tout le monde.

Les campagnes du premier Empire nous donnent encore le triste spectacle de milliers de blessés abandonnés sur toutes les routes de l'Europe, sans soins, quand on ne les achève pas ! Guizot, dans ses *Mélanges biographiques*[1], nous dépeint bien cette triste situation, d'après un témoin oculaire des campagnes de 1806 : « Les blessés commençaient à arriver à Varsovie, écrit-il, il y en avait dont les membres étaient fracassés et l'amputation urgente. On n'avait pas de caisses d'instruments et la municipalité ne pouvait en fournir. Il me semble encore avoir sous les yeux un grenadier d'une belle et mâle physionomie, mais d'une pâleur effrayante. Monsieur, me dit-il, il faut me couper la jambe, la gangrène s'y met, elle

1. Guizot : *Mélanges biographiques*, M. de Barante, p. 258.

est déjà toute bleue. Voyez. Il rejette sa couverture et se montre tout sanglant. Je sais bien, ajoute-t-il, qu'on ne s'inquiète plus de nous quand nous sommes blessés, nous ne pouvons plus servir à rien ; nous ne sommes plus qu'un embarras ; on nous aime mieux morts ! Eh bien ! qu'on nous tue et que ce soit fini ! » Voilà ce que devenaient nos concitoyens quand ils étaient blessés. Et les blessés de l'ennemi ? Eh bien, grâce à la Convention de Genève, les uns et les autres sont devenus l'objet de la plus grande sollicitude : les blessés du vainqueur aussi bien que ceux du vaincu, se trouvent soignés aujourd'hui avec le même dévouement.

L'insigne de la Convention est une croix rouge sur fond blanc ; il a été emprunté aux armoiries de la Suisse avec une simple interversion des couleurs ; sa devise est : *Hostes, dum vulnerati, fratres*, ce qui signifie que l'ennemi blessé devient notre frère.

La Convention a été le signal d'un immense mouvement dont il n'y a pas d'exemple dans l'histoire, et de nombreuses sociétés se constituèrent aussitôt dans un certain nombre de pays pour en assurer l'exécution. Trente-quatre Etats possèdent actuellement une société de la Croix Rouge, qui sont reliées entre elles par le Comité international dont le siège est à Genève. Tout le monde civilisé fait aujourd'hui partie de la Confédération de la Croix Rouge. N'est-ce pas un fait digne de remarque que de voir la Turquie, la Perse, le Japon, exercer la charité, vertu si chrétienne, au nom de la Croix Rouge ? Cependant, la Turquie n'a adhéré à la Convention de Genève qu'à la condition de prendre pour signe le Croissant et non la Croix. Cette substitution ne souleva aucune difficulté dans la Confédération, étant données les idées de fraternité si larges dont ses membres sont animés. Quant au Japon, qui est entré dans la Confédération en 1877, et qui a une société fort bien organisée, il a inscrit dans ses statuts que les *blessés, même ennemis*, seraient recueillis le plus vite possible.

Dans tous les Etats, la direction des secours charitables donnés aux blessés militaires est *unique*. Par une exception qui tient à la constitution politique de l'empire autro-hongrois, il y a un Comité central à Vienne et un autre à Buda-Pest. Le

Comité central pour la France est celui de la Société française de Secours aux blessés militaires, appelée pour cette raison la Croix Rouge française, et dont le siège est à Paris.

Quoique la Croix Rouge ait à peine vingt années d'existence, bien des millions ont déjà été dépensés par elle pour secourir des centaines de mille blessés; son drapeau a flotté sur tous les champs de bataille d'Europe, d'Asie, d'Amérique; on l'a vu aussi bien sur le littoral africain que sur les frontières de la Perse, aux Indes Néerlandaises et dans le Turkestan. L'assistance de la Croix Rouge se produisit aussi en 1879, pendant la guerre contre les Zoulous et contre les Boers du Transvaal; l'institution de la Croix Rouge a ainsi atteint les régions les plus lointaines du globe.

On avait vu parfois des nations s'unir dans des questions d'intérêts communs; mais on ne les avait jamais vues s'allier dans le cas contraire, comme cela a lieu avec la Convention de Genève, qui permet à l'ennemi de soigner ses blessés, de les guérir pour les replacer ensuite dans le rang. C'est une merveille que notre siècle a vu se réaliser au nom de la charité.

A mesure que les guerres deviennent plus meurtrières, que le nombre des hommes mis en ligne augmente, que le nombre des blessés va croissant, il se développe à côté de l'armée qui détruit et qui sème la mort, une autre armée, celle qui guérit, qui soulage et qui console : c'est celle de la Croix Rouge!

Pour consolider cette belle institution et la faire durer à travers toutes les vicissitudes, les Sociétés de la Croix Rouge se réunissent de temps à autre en *Conférences internationales* auxquelles assistent toujours des délégués des Etats qui ont adhéré à la Convention. La première conférence eut lieu à Paris, en 1867; la seconde se réunit à Berlin, en 1869; la troisième eut lieu à Genève, en 1884, et la dernière à Carlsruhe, en 1887. Dans cette dernière réunion, il a été décidé que les pansements antiseptiques, qui donnaient des résultats si remarquables, seraient dorénavant seuls mis en usage par les Sociétés de la Croix Rouge. La délégation française y a été l'objet d'égards tout particuliers, et la première vice-présidence a été attribuée à M. le marquis de Vogüé, et une place de secrétaire a été donnée à

M. Ellisen, tous deux représentants de la Croix Rouge française. M. de Vogüé fut nommé rapporteur de la question la
plus importante de la Conférence, et son rapport, rédigé en
français, a été adopté à l'unanimité moins deux voix. Les délégués du gouvernement français ont pu constater de quelle haute
estime la Croix Rouge française jouissait en Europe.

Il n'y a pas de congrès scientifique qui donne un spectacle
pareil à celui de ces grandes assises de la fraternité et de la
charité universelles, qui réunissent des hommes de couleurs, de
races, de religions si diverses, et qui arrivent à s'entendre tous
pour atténuer autant que possible les maux de la guerre. Pour-
quoi donc, alors que des peuples si variés ont pu se mettre
d'accord, a-t-il fallu en France introduire des divisions sur la
manière de faire le bien ? Cela tient sans doute à ce que la division s'est infiltrée partout et dans toutes choses, jusque même
dans l'exercice de la charité !

III

DE LA CROIX ROUGE FRANÇAISE. — SERVICES RENDUS PENDANT LA GUERRE DE 1870-1871.

Le lendemain de la signature de la convention de Genève,
c'est-à-dire dès 1865, quelques hommes de cœur dont le dévouement égale le patriotisme, se réunissent à Paris et rédigent les
statuts de la Société française de Secours aux blessés militaires,
appelée encore la Croix Rouge française. Elle est reconnue d'utilité publique en 1866.

Lors de l'exposition universelle de 1867, malgré le court délai
qui s'est écoulé depuis sa fondation, elle y tient honorablement
sa place. A côté des engins de destruction, des canons, des
mitrailleuses, elle avait installé une modeste tente avec des
brancards, des cacolets, des voitures, des wagons pour le trans-

port des blessés. Bien des gens, en l'apercevant, souriaient et traitaient tout cela d'utopie.

A partir de cette époque, les hommes qui sont à la tête de l'œuvre arrêtent, avec le concours des autorités militaires du pays, les grandes lignes d'une organisation générale, et créent un matériel de secours tout nouveau et approprié aux diverses circonstances que la convention de Genève a fait naître.

L'empire devait être la paix ; on pouvait donc se laisser aller tranquillement à l'étude de ces questions. Mais voici que la guerre éclate en 1870 comme un coup de foudre. A ce moment, la Société n'avait pas 200 francs dans sa caisse[1]. Au bout de peu de jours, son appel est entendu dans toutes les parties du monde, et la charité verse dans ses caisses 15 MILLIONS en espèces, et des dons en nature pour une somme égale.

A Paris, le conseil central fonde immédiatement six grands hôpitaux temporaires, vingt-et-une ambulances de campagne et douze ambulances volantes. Il établit des ambulances de ravitaillement et de premier pansement dans les gares de chemins de fer, et vient en aide à plusieurs centaines d'ambulances privées, auxquelles les ressources pécuniaires faisaient défaut. Enfin, il organise un bureau de renseignements où 40,000 familles trouvent à se renseigner sur le sort de leurs membres.

Pendant la guerre civile, la Société fonde autour de Versailles l'établissement de la Grande-Gerbe, et vingt-et-une ambulances dans lesquelles elle reçut près de 2,000 blessés ou malades. Le 15 octobre 1871, le Conseil décida que la Grande-Gerbe serait donnée avec tout son matériel à l'Etat, sous la condition qu'il lui maintiendrait son caractère. Le département de la guerre accepta, et inscrivit au fronton de l'ambulance : *Donnée à l'armée française par la Société de secours aux blessés des armées de terre et de mer*. M. le Président de la République française et M. le Ministre de la guerre écrivirent à cette occasion les deux lettres suivantes à M. le comte de Flavigny, Président de la Société :

---

1. Dr A. Riant : *Conférence faite au Havre* en 1884.

Paris, 20 octobre 1871.

MON CHER COMTE DE FLAVIGNY,

J'ai reçu la lettre que vous m'avez adressée au nom de la Société de secours aux blessés militaires, et je vous aurais répondu le jour même si les affaires ne se multipliaient, tous les jours, bien au-delà du temps que j'ai à leur donner. Mais je serais ingrat si je laissais écouler un jour de plus sans vous témoigner en mon nom, et surtout au nom de l'État, ma profonde gratitude pour le don généreux que votre noble Société vient de faire à l'armée. Vous nous donnez à la fois un supplément de ressources fort important et un modèle accompli de tout ce que la charité sociale et libre peut faire pour soulager les victimes de la guerre. La science, la richesse, l'humanité ne peuvent faire ni mieux ni plus que vous n'avez fait, dans cette magnifique ambulance, pour sauver à la fois la vie, et, s'il est possible, la validité des hommes atteints par le fer et le feu. Je l'ai profondément admirée en la visitant, et je n'ai pas moins admiré les hommes qui se servaient si bien de ce matériel. Je suis si pénétré de la pensée qu'il faut conserver cette œuvre accomplie, avec son caractère actuel, que j'ai prescrit au génie d'examiner s'il ne vaut pas mieux, au lieu de la transformer en hôpital d'hiver, la conserver comme hôpital de printemps et d'été, saison de huit mois au moins et où les malades abondent plus qu'en hiver. Quelque décision qui intervienne, le caractère de cette création sera respecté et une inscription rappellera le don et ses généreux auteurs. Je vous prie donc de remercier votre Conseil de ses efforts pour l'armée française, pour l'humanité en général, et je vous remercie vous-même de l'habile et patriote direction que vous avez imprimée à ses travaux. Quant à mon amitié personnelle pour vous, je n'ai pas besoin de vous en renouveler l'expression, que j'ai eu tant de motifs de vous adresser tant de fois.

Recevez-en, en tous cas, la nouvelle et bien sincère assurance.

Signé : A. THIERS,
Président de la République française.

Voici un extrait de la lettre que M. le général de Cissey, ministre de la guerre, écrivit dans le même sentiment :

La Société de secours ne pouvait couronner plus dignement que par cette offrande, l'œuvre de patriotisme et d'humanité dans laquelle elle a fait preuve de tant de zèle et de dévouement pendant la guerre, et je suis certain d'être le fidèle interprète des sentiments de toute l'armée, en vous priant de transmettre à tous les donateurs l'expression de sa reconnaissance.

Dans la province, l'activité déployée par la Croix Rouge française n'est pas moins grande. Plus de 400 comités se fondent du jour au lendemain, envoient des ambulances sur tous les champs de bataille, et créent d'innombrables ambulances sédentaires.

Puisque j'ai la bonne fortune de compter dans cette réunion un certain nombre de mes compatriotes d'Alsace, laissez-moi vous raconter brièvement ce qui a été fait à Strasbourg en 1870. Le jour même de la déclaration de guerre, un élan patriotique d'une portée considérable surgit spontanément de toutes les classes de la population strasbourgeoise. Plusieurs comités se formèrent simultanément et réunirent des dons en argent et en nature. Mais on comprit bien vite qu'avec cette division des forces, il serait impossible d'obtenir une action efficace. L'arrivée des délégués du Conseil central de Paris, MM. de Flavigny, de Vogüé, de Montbrison et Monnier, contribua à opérer la fusion de tous les partis sur le terrain de l'humanité pure. M. Kablé, qui donna dans la suite tant de preuves de son inaltérable attachement à la France, fut élu président du comité. Quinze ambulances contenant 1150 lits furent installées dans divers locaux de la ville, et douze ambulances volantes furent envoyées sur les champs de bataille de Wœrth, Frœschwiller, Elsasshausen, Soultz, etc., avec des secours en vivres, médicaments et vêtements. Le corps médical de Strasbourg, tant civil que militaire, était sur pied nuit et jour. Les élèves de l'Ecole de santé militaire se distinguaient particulièrement aux avant-postes par leur courage, et trois de leurs camarades furent tués pendant qu'ils soignaient des blessés : ce sont MM. Lacour, Combier et Bartholomot.

Le nombre des journées de présence des blessés soignés par le comité de Strasbourg a été de 137,043 ; le total des dépenses s'est élevé à 340,069 fr. 25, dont 119,892 fr. 35 *ont été fournis par le Conseil central de Paris.*

Après le siège, le comité strasbourgeois avait épuisé ses ressources, et il était bien difficile, au milieu des ruines encore fumantes de la ville, de faire un nouvel appel à la générosité des habitants. Et cependant, il restait encore bien des blessés à secourir. Il a suffi d'informer le Conseil central de Paris de cette détresse pour qu'il envoyât aussitôt un délégué, à travers les mille difficultés que présentait un voyage à ce moment, avec la somme de 100,000 francs en espèces. Le même délégué poursuivit son voyage jusqu'à Metz, et remit également 100,000 francs au comité de cette ville. L'argent ne faisant plus défaut, le comité continua à déployer la plus grande activité et installa en plus une infirmerie à la gare, où près de 20,000 prisonniers et blessés de passage furent réconfortés et soignés.

Les Alsaciens-Lorrains ont, il me semble, contracté là une dette de reconnaissance envers le Conseil central de Paris, et devraient tous, en raison des services qui leur ont été rendus dans ces moments difficiles, venir se grouper de préférence autour de la Croix Rouge française[1].

En dehors de tous ces services, la Société de secours a encore réparti 8,271 blessés ou malades sur le réseau des lignes françaises ; elle a rapatrié tous les blessés qui avaient été internés en Belgique, et ramené d'Allemagne plus de 8,000 blessés et malades. Il résulte des statistiques les moins incomplètes, que durant cette guerre, la Société a secouru plus de 120,000 blessés et malades. M. le docteur Chenu a publié un ouvrage très complet sur les ambulances et les hôpitaux de la Société[2] ; tous les blessés soignés par elle s'y trouvent inscrits, avec l'indication de leurs noms, la nature de la blessure, le lieu où ils l'ont reçue, et l'opération subie. Les médecins ont pu ainsi connaître le sort de ceux qu'ils ont soignés.

Des délégués de la Société ont parcouru l'Allemagne du Nord et les États du Sud, portant les bienfaits de l'œuvre dans les hôpitaux, les lazarets, les lieux de détention, visitant aussi bien les blessés que les prisonniers.

Après la cessation des hostilités, la Société donna largement son concours au Conseil d'hygiène pour l'assainissement des champs de bataille, et prit une part considérable à l'érection de mausolées sur les tombes des soldats français morts en Alle-

1. Le Conseil central donna également 20,000 francs, en 1871, à de nombreux Alsaciens-Lorrains venus sans ressources à Paris.

2. *Aperçu historique, statistique et clinique sur le service des ambulances et des hôpitaux de la Société française de secours aux blessés pendant la guerre de 1870-1871*, par le Dr J.-C. Chenu, Paris, 1874.

magne. Elle a aidé de ses deniers tous les comités privés formés en France pour élever des monuments funéraires à nos soldats. Enfin, elle a fondé des anniversaires à perpétuité dans la plupart des villes où elle avait organisé des ambulances. Aucun de ceux qu'elle n'avait pu sauver ne devait rester sans prières ni sans honneurs.

Tous ces renseignements se trouvent consignés dans le rapport officiel que M. de Marcère, Ministre de l'intérieur, a adressé en 1873 au Président de la République sur l'action de la Croix Rouge française pendant la guerre de 1870, et dont voici un extrait :

L'appel que, dès le commencement de la guerre, la Société de secours aux blessés militaires adressa à la France, à l'Europe et à toutes les parties du monde, fut partout entendu. De toutes parts des dons en nature et des sommes considérables affluèrent vers cette bienfaisante institution. Les ambulances volantes qu'elle avait organisées suivirent nos armées ; on les vit sur tous les champs de bataille porter des secours, des vivres, des médicaments, des consolations. Avant que Paris fût isolé de la France, des délégués du Conseil de la Société formèrent en province 400 comités, créèrent de nouvelles ambulances pour les armées qui s'organisaient, protégèrent l'installation d'une multitude de petites ambulances dans les gares, dans les écoles, dans les presbytères, dans les églises, dans les maisons particulières, offrant partout les premières sommes pour ces nombreux services qu'entretenaient ensuite le patriotisme et la charité de tous.

La Société admet dans ses rangs les dames au même titre que les hommes, et pendant la guerre de 1870, un nombre considérable de dames de tout rang et de tout âge se disputèrent dans ses ambulances l'honneur de soigner les blessés. Je les ai vues après la bataille de Frœschwiller dépenser des trésors de consolations à nos malheureux soldats, si éprouvés par cette défaite. Partout, d'ailleurs, elles ont été d'un dévouement admirable. Voici ce qu'en dit M. le duc de Noailles dans le discours qu'il prononça à l'Institut, le 8 août 1872 :

Ce qui brille au premier rang dans ce mouvement général, nous le dirons sans peine, ce sont les femmes ; les unes se faisant ouvrières et travaillant pour les ambulances et les blessés dans les ouvroirs ; les autres devenant infirmières, et cela dans la France tout entière. Mais à Paris, l'élan fut admirable. On vit les dames du monde les plus élégantes, mêlées cordialement à une foule d'autres non moins dévouées, sortir tout à coup de leur vie douce, pour venir dans le vaste Palais de l'Industrie, transformé en hôpital encombré, passer toutes les journées et souvent les nuits, et cela durant cinq mois, à soigner les blessés et à les servir. On les voyait, elles et toutes leurs compagnes, bravant la vue du sang et l'horreur des blessures, aider aux pansements, assister avec sang-froid aux plus cruelles opérations.

Mgr le duc de Nemours rappela également en 1883 « ce que l'héroïsme des femmes françaises mêla d'adoucissement et de consolation aux âpres tristesses et aux souffrances dont les évènements accablaient la nation en 1870[1]. »

Voilà un court aperçu de tout le bien que la Croix Rouge a fait pendant cette malheureuse guerre de 1870. Néanmoins, on a formulé contre elle des critiques et parlé de lacunes, d'abus et de fautes commises. La Convention de Genève est une loi humaine appliquée par des hommes, et n'a aucune prétention à l'infaillibilité. Quelle est la loi qui ne subit pas dans son application quelques imperfections. Est-on bien certain, d'ailleurs, que les torts aient toujours été du côté de la Croix Rouge ? Pour ne parler que des faits qui se sont passés à Strasbourg, je puis affirmer sans crainte d'aucun démenti que l'intendance de cette ville paraissait absolument ignorer la Convention de Genève, qu'elle a vu d'un mauvais œil le comité de la Croix Rouge, et n'est entrée en relations courtoises avec lui que vers la fin du siège[2]. Il est également prouvé que les médecins militaires français n'avaient pas de brassards à la bataille de Frœschwiller. Faites donc la part de la critique aussi largement et aussi hostilement que vous voudrez ; il y a cependant des faits acquis qu'il est impossible de nier, c'est que, grâce au patriotisme des hommes dévoués, des femmes généreuses qui ont rempli dans ses ambulances les fonctions d'infirmiers et d'infirmières, la Croix Rouge française a sauvé en 1870 des milliers de vies !

1. *Bulletin de la Société française*, n° 41, année 1883.
2. Comité de Strasbourg : *Rapport de 1870-1871*, par A. Walther.

IV

SERVICES RENDUS PAR LA CROIX ROUGE FRANÇAISE

DEPUIS 1871.

Depuis que la paix est signée, la Société ne s'est pas ralentie dans son activité, et a continué sans relâche son œuvre de dévouement et de sacrifice. C'est une erreur de croire que tout est fini avec le dernier coup de canon. Il y a bien des blessures qui sont longues à guérir ; il y en a qui ne guérissent jamais ; d'autres qui laissent après elles des infirmités. Tous ces malheureux sont généralement incapables de gagner leur vie. Le gouvernement leur donne une pension ou un secours renouvelable. La Société y ajoute chaque année son obole et donne ou renouvelle les appareils de prothèse à ceux qui ont perdu des membres. Chaque année, elle distribue ainsi près de 100,000 francs de secours en argent et environ 7,000 francs pour des bras, des jambes, des yeux artificiels, des petites voitures de promenade. Elle a ainsi dépensé depuis la guerre plus d'un *million et demi* pour secourir les blessés du passé.

Durant la lutte franco-allemande [1], les sociétés des neutres, fidèles au principe de la Convention de Genève, envoyèrent aux belligérants des secours très importants. La Croix Rouge anglaise envoya huit millions en espèces, et d'énormes secours en nature ; celle du Grand Duché de Luxembourg fournit du pain aux habitants et aux soldats affamés ; celle de la Belgique installa des lazarets à proximité de la frontière et disposa un service central à Bruxelles ; celle des Pays-Bas envoya des ambulances sur le théâtre de la guerre et fit parvenir aux blessés des approvisionnements en très grandes quantités. Les Croix Rouges russe et autrichienne envoyèrent des sommes considérables ; celles d'Italie et d'Espagne, des vins fortifiants ; celle de la Suède fit, avec le patronage de l'Etat, une quête dans toutes les églises et dans tous les lieux publics, dont le produit fut adressé aux blessés de 1870.

---

1. *Conférence internationale de Genève*, 1884, J. Lacointa.

L'Irlande, malgré sa profonde misère, sut trouver des trésors. Enfin, la Croix Rouge suisse assuma un fardeau bien lourd en secourant avec tant de générosité les nombreux blessés et soldats qui s'étaient réfugiés sur son territoire.

La Croix Rouge française s'est toujours souvenue de ces bienfaits, et à chaque occasion, elle n'a pas manqué de donner des preuves de sa reconnaissance aux nations étrangères. C'est ainsi qu'elle adressa :

30,000 francs en 1873 aux blessés espagnols des deux partis ;

10,000 francs en 1876 aux ambulances turques et monténégrines ;

400,000 francs en 1878 aux armées russes et ottomanes ;

Diverses offrandes en 1882 au Chili, au Pérou et aux victimes du bombardement d'Alexandrie ;

Enfin, en 1886, les blessés serbes et bulgares reçurent 8,000 francs.

Vous pouvez être persuadés que si la Société a si largement payé sa dette de reconnaissance vis-à-vis de l'étranger, elle n'a pas fait moins pour les soldats qui combattaient si bravement loin de notre chère France. Elle a envoyé en 1881 aux ambulances de l'Algérie et de la Tunisie pour plus de 110,000 francs de dons de toute nature.

Elle a consacré près de 500,000 francs aux ambulances de Madagascar et du Tonkin. En 129 expéditions, elle a fait parvenir dans ces régions si éloignées de la patrie :

69,708 bouteilles de vins ;

23,000 boîtes de lait concentré ;

15,425 kilogrammes de chocolat, de confitures et de biscuits ;

12,565 bouteilles de vin de quinquina au Malaga ;

38,078 litres de bouillon concentré ;

24,514 boîtes de légumes conservés ;

4,367 kilogrammes de tabac et 62,000 cigares.

Enfin, près de 15,000 pièces de linge et de lainage, des caisses de médicaments, de pansements antiseptiques et d'eaux minérales.

La Société a envoyé un délégué à Saïgon et un autre à Hué ; elle a eu ainsi la certitude que ses dons étaient régulièrement distribués. Elle en a eu d'ailleurs la confirmation par les lettres que lui ont adressées les généraux *Warnet, Jamont* et *Munier*, et par les états de réception et de répartition que lui a fait parvenir *M. le Ministre de la guerre.*

Un grand nombre de lettres particulières vinrent attester tout le bien que la Croix Rouge française avait fait dans l'Extrême-Orient. Un de nos compatriotes, M. le docteur Zuber[1], qui avait été attaché à la 7ᵉ direction du ministère de la guerre et délégué du gouvernement en 1884 à la Conférence internationale de Genève, avait eu ainsi l'occasion de connaître à fond la Croix Rouge française et savait l'apprécier à sa juste valeur. Je ne puis assez vous dire de quelle admiration il a été saisi lorsqu'il a vu aux portes de Paris l'approvisionnement si considérable que la Société a réuni à Boulogne, et cependant il avait visité ceux de l'Allemagne et de la Russie. Il n'a cessé, depuis ce jour, de rester en relations suivies avec les membres du Conseil central. Envoyé au Tonkin, il a écrit plusieurs lettres qui démontrent de quelle grande utilité ont été les dons de la Société, et avec quel dévouement il soignait les soldats à une distance si grande de la mère-patrie. Voici ce qu'il écrivait de Chu en 1885 :

Votre Société a rendu ici les plus grands services, grâce à l'heureux choix de ses envois et grâce aussi aux mesures prises sur place par le commandement pour en organiser une distribution judicieuse. A Chu existe un petit magasin parfaitement organisé, sous une tente chinoise prise à l'ennemi, contenant exclusivement vos dons. Ces envois servent à adoucir considérablement les souffrances de nos pauvres malades et blessés, et je vous prie de croire que ces souffrances méritent la sympathie de tout le monde, d'autant plus que souffrir si loin du pays, c'est doublement souffrir. Chaque jour nous pouvons distribuer un peu de bordeaux, du banyuls, du vin de quinquina, du lait concentré, du tabac. Continuez à envoyer du bon bordeaux, du banyuls et du quinquina. Le bouillon instantané a un succès fou. Les ambulances l'économisent précieusement pour le champ de bataille. Le tabac, les cigares, les pipes font grand plaisir. Envoyez des pipes en bois, celles en terre arrivent cassées. Il serait très-important d'avoir des matelas à air et d'eau en caoutchouc, des coussins, des ronds, des tuyaux, alèzes, des bassins aussi en caoutchouc, du beau coton cardé, coton hydrophyle, des pièces de lister, de la gaze phéniquée, de la protective et beaucoup de linge aussi en coton.

1. Né à Rixheim (Haut-Rhin).

Dans une autre lettre écrite le 6 mai 1885, à Hay-Phong, il nous donne les détails suivants :

Dans la retraite de Lang-Son, malgré des difficultés inimaginables, ayant à faire transporter plus de 200 hommes pendant 90 kilomètres dans un pays sans route ni sentiers, je n'ai pas perdu un seul homme. Les Chinois n'ont pas eu un seul blessé à *décapiter*. Aucun cas de pourriture d'hôpital, aucune de ces épidémies des plaies si désastreuses quand les blessés sont accumulés. Jamais on n'a eu moins d'amputés que dans la guerre du Tonkin. Le lait et le bouillon concentrés faciles à transporter à l'aide des coolies ont fait un bien incalculable. Deux coolies pouvaient transporter aisément 350 litres de lait ou 700 litres de bouillon. La Croix Rouge a beaucoup contribué à fournir aux ambulances militaires ces précieux réconfortants. Il a fallu des prodiges d'improvisation pour faire des abris pour y mettre blessés et malades. Les dons de la Croix Rouge sont bien parvenus et ont été distribués avec soin. Continuez à nous envoyer comme par le passé du chocolat, du banyuls, du bordeaux, des légumes, du bouillon, du linge, de la flanelle et du tabac préparé pour un long voyage de mer. Les eaux de Vichy, Vals, Bussang rendraient de grands services pendant les chaleurs. Ce qui serait d'une très-grande utilité, ce seraient des médicaments extrêmement chers tels que de la peltiérine, du bromhydrate de quinine, du chlorhydrate de cocaïne et de l'antipyrine.

Le Conseil central de Paris lui envoya tout ce qu'il lui avait demandé, et il eut beaucoup à se louer de l'emploi de la cocaïne, qui calma si bien les violentes douleurs des dysentériques. Le docteur Zuber, qui avait sauvé la vie à un grand nombre de malades et de blessés, fut emporté en moins de 48 heures par le choléra. Il avait été l'honneur de la Faculté de médecine de Strasbourg, et un des médecins militaires les plus instruits. Ses compatriotes et ses anciens camarades qui sont dans cette enceinte m'excuseront de l'hommage rendu ici à l'un de nos meilleurs enfants de l'Alsace.

Les rapatriés du Tonkin, malades ou blessés, ont reçu, par les soins de la Société, dans les diverses localités où ils sont débarqués, la somme d'environ 30,000 francs. 1,000 francs ont été envoyés à la Société d'*Alsace-Lorraine*, à Oran, pour les soldats, la plupart Alsaciens et Lorrains qui, engagés dans la légion étrangère, viennent, avec leurs congés de réforme ou de convalescence, solliciter un secours de cette œuvre.

V

ROLE DE LA CROIX ROUGE FRANÇAISE DANS L'AVENIR.

Tels sont les états de services du passé de la Croix Rouge française. Quelque brillants qu'ils soient, il n'est pas permis de se reposer sur eux. Il faut constamment penser à l'avenir et aux éventualités qu'il peut nous réserver, et pour lesquelles il faut toujours être préparé. Si l'argent est le nerf de la guerre, il est aussi celui de la charité ; aussi la Société a-t-elle en réserve *plusieurs millions*, qui s'accroissent chaque année par des dons et des cotisations annuelles. M. le Maréchal de Mac-Mahon vient de recevoir d'un généreux habitant de Riom un don de 50,000 francs, et de la Société hippique la somme de 40,000 francs, premier acompte sur le produit du carrousel donné à Paris par *l'armée* au profit de la Croix Rouge [1].

Elle a augmenté et perfectionné son matériel dans des proportions colossales. Outre l'immense dépôt qui existe à Boulogne-sur-Seine, il y a quarante-et-un dépôts importants dans la province. On a réuni, dans ces divers points, des milliers de brancards, des voitures d'ambulance, des trains sanitaires complets pour l'évacuation des blessés, des appareils permettant de transformer instantanément une voiture ou un wagon pour le transport des grands blessés, et des lits de tous genres. Vous pouvez aisément vous figurer que les approvisionnements en instruments, médicaments, pansements antiseptiques et linge existent dans la même proportion. Ce matériel de la Croix Rouge française, qui a été en grande partie créé par les membres du Conseil central, notamment par M. le comte de Beaufort, a obtenu dans toutes les expositions les plus hautes récompenses. M. le docteur A. Riant, vice-président de l'œuvre, a décrit, dans un fort joli volume, ce matériel, tel qu'il avait figuré à l'exposition de 1878. Actuellement, on vient de réunir, dans un album de 32 planches, les principaux

1. A Bordeaux, l'armée a également donné un carrousel au profit de l'œuvre.

modèles de tout ce qui concerne les blessés. Chaque Société de la Croix Rouge doit publier un album analogue, d'après le vœu qui a été exprimé à la troisième conférence internationale ; on pourra ainsi avoir une connaissance générale de tout le matériel employé, et arriver de la sorte, dans la mesure du possible, à son uniformité.

La chirurgie de guerre était autrefois bien peu compliquée ; le fer rouge et l'huile bouillante en faisaient, pour ainsi dire, seuls les frais. Les pansements étaient peu compliqués, et le personnel chargé de les appliquer n'avait pas besoin d'être bien instruit. Mais quels progrès n'a-t-on pas réalisés depuis cette époque ?

Aujourd'hui, l'improvisation ne saurait suffire, et pour appliquer les nouveaux traitements et les pansements antiseptiques, il faut absolument les avoir vus, les avoir étudiés et pratiqués. Aussi, le Conseil Central a-t-il institué à Paris, et dans beaucoup de villes de province, des cours spéciaux et des conférences destinés à donner une instruction solide et complète aux personnes qui se destinent à soigner les blessés[1].

Dans un grand nombre de localités, le personnel ambulancier est au complet, et Paris possède même un corps de brancardiers-mariniers, en vue d'un service d'évacuation par rivières et canaux. Ce mode de transport des blessés a donné d'excellents résultats aux Anglais dans la campagne d'Egypte, et l'on se propose de l'appliquer, à l'occasion, en France sur une grande échelle.

En 1870, aucun règlement n'avait prévu le rôle qui devait incomber à la Croix Rouge Française en temps de guerre. Elle était venue elle-même offrir au chef de l'Etat, au Ministre de la guerre, au maréchal commandant en chef, le concours de ses ressources et de sa bonne volonté. Sa seule pensée a été de se donner sans réserve au soulagement de l'armée, et de mériter les hauts témoignages qui ont signalé le succès de ses efforts. Unique alliée de l'intendance, elle la suppléa dans les hôpitaux, la suivit sur les champs de bataille, et trouva auprès

1. M. le docteur Gross, de Strasbourg, professeur à la Faculté de médecine de Nancy, a publié en 1884 un excellent *Manuel du brancardier*.

d'elle toutes les facilités pour remplir le mandat qui lui était confié.

Aujourd'hui, le rôle de la Société est nettement déterminé, tant par les décrets de 1878 et de 1883, que par le décret du Président de la République du 3 juillet 1884.

D'après l'article 2 de ce décret, l'intervention de la Société consiste, en temps de guerre :

« 1° A créer, dans les places de guerre et les localités qui lui » sont désignées par le Ministre de la guerre ou les généraux » commandant le territoire, suivant le cas, des *hôpitaux* destinés » à recevoir des blessés et des malades appartenant aux » armées ;

» 2° A prêter son concours au service de l'arrière, en ce qui » concerne :

» Les *trains d'évacuation* ;

» Les *infirmeries de gares* ;

» Les *hôpitaux auxiliaires du théâtre de la guerre*. »

D'après l'article 100 du règlement sur le service de santé en campagne[1], elle peut même être employée à relever les *hôpitaux de campagne*.

La Société est représentée auprès de M. le Ministre de la guerre et de M. le Ministre de la marine et des colonies par le Président du Conseil central ; dans chaque région de corps d'armée, par un délégué régional, officiellement accrédité auprès du général commandant le corps d'armée, ainsi qu'auprès de M. le vice-amiral commandant en chef, pour chacun des arrondissements maritimes ; pendant la guerre, par un délégué d'armée dans chaque armée ou corps d'armée opérant isolément.

Son personnel, lorsqu'il est employé aux armées, porte *un uniforme* spécial, et est soumis aux *lois et règlements militaires*. Il est même justiciable des *tribunaux militaires*.

La Croix Rouge Française est la *seule* de toutes les sociétés

---

1. Voir *Règlement sur le service de santé de l'armée* (2ᵉ partie), *service de santé en campagne*, p. 52 et 80.

d'assistance militaire qui soit appelée par les règlements officiels[1] à prêter, en temps de guerre, à l'autorité militaire, un *concours complet*. C'est à elle *seule* qui doivent être rattachées les associations non reconnues d'utilité publique, et c'est *uniquement* sous sa direction que sont placées les délégations des sociétés étrangères admises à fonctionner à ses côtés.

Enfin, c'est elle *seule* qui a *le droit d'aller sur le champ de bataille*[2]!

Ce n'est un secret pour personne que dans une prochaine guerre, des millions d'hommes seront mis en ligne les uns contre les autres. Dans très peu de temps, on pourra avoir 100,000 blessés qu'il faudra soigner : cela représente la population tout entière d'une grande ville comme Rouen ; et si la guerre devait avoir une certaine durée, à quel nombre effrayant de victimes n'arriverait-on pas !

En 1870, la Croix Rouge allemande a dépensé 70 millions, et plus de 200,000 individus ont parcouru les champs de bataille, le brassard au bras. Depuis cette époque, elle n'a cessé de déployer une activité extrême, et son organisation est absolument complète. Dans toutes les classes de la population, chacun donne son obole en proportion de sa situation. Si la guerre venait à être déclarée, la Croix Rouge allemande disposerait de 100 millions de francs, et près de 300,000 individus seraient prêts à mettre le brassard au bras et à suivre les armées allemandes. Je ne vous surprendrai pas en vous annonçant qu'il en est de même en Russie.

Et, en France, où en sommes-nous ? Il faut bien avouer que chez nous cette organisation est loin d'être aussi avancée ! Allons-nous nous laisser battre, même sur le terrain de la charité, cette

---

1. Les décrets des 16 novembre 1886 et 21 janvier 1887, relatifs à l'Association des Dames françaises et à l'Union des Femmes de France, limite l'action de ces deux sociétés à la création d'hôpitaux auxiliaires dans les localités qui leur sont désignées, et à la transmission des dons qu'elles reçoivent de la générosité publique.

2. En 1870, plusieurs membres attachés aux ambulances volantes furent blessés, d'autres tués en ramassant les blessés sous le feu de l'ennemi.

vertu si essentiellement française ? Il n'est que temps d'aviser et de nous organiser sur la même échelle que nos voisins. Je sais combien vous partagez ces sentiments, et je suis persuadé que le Comité de la Croix Rouge d'Elbeuf sera bientôt digne de votre patriotisme et à la hauteur de votre dévouement.

DÉCRET DU 3 JUILLET 1884

PORTANT

RÈGLEMENT POUR LE FONCTIONNEMENT

DE

LA SOCIÉTÉ DE SECOURS AUX BLESSÉS MILITAIRES

LE PRÉSIDENT DE LA RÉPUBLIQUE FRANÇAISE,

Sur le rapport du Ministre de la guerre et du Ministre de la marine et des colonies;

Vu le décret du 23 juin 1866, reconnaissant comme établissement d'utilité publique la Société de secours aux blessés militaires des armées de terre et de mer;

Vu le décret du 31 décembre 1870, relatif à la même Société;

Vu le décret du 2 mars 1878, portant règlement pour le fonctionnement de la dite Société;

Vu la loi du 16 mars 1882 sur l'administration de l'armée;

Le Conseil d'Etat entendu,

DÉCRÈTE :

ART. 1ᵉʳ. — La Société française de secours aux blessés des armées de terre et de mer est autorisée à seconder, en temps de guerre, le service de santé militaire, et à faire parvenir aux malades et blessés les dons qu'elle reçoit de la générosité publique.

Pour l'accomplissement de cette mission, elle est placée sous l'autorité du commandement et des directeurs du service de santé.

Les conditions de son fonctionnement sont déterminées par le présent règlement et par le règlement sur le service de santé.

ART. 2. — L'intervention de la dite société consiste, en temps de guerre : 1° à créer dans les places de guerre et les localités qui lui seront désignées par le Ministre de la guerre, ou les généraux commandant le territoire, suivant le cas, des *hôpitaux* destinés à recevoir des blessés et des malades appartenant aux armées; 2° à prêter son concours au service de l'arrière en ce qui concerne les *trains d'évacuation*, les *infirmeries de gare* et les *hôpitaux auxiliaires du théâtre de la guerre*. Ce concours ne peut être étendu ni au service de première ligne, ni aux hôpitaux d'évacuation, dont demeure exclusivement chargé le service de santé militaire.

En temps de paix, la Société adresse, tous les six mois, au Ministre de la guerre, un rapport destiné à lui faire connaître les moyens dont elle dispose en personnel et en matériel.

ART. 3. — Toutes les associations qui pourraient se former dans le même but et qui ne seraient pas reconnues comme établissements d'utilité publique, devront être *rattachées* à la Société de secours et seront dès lors assujetties aux dispositions du présent règlement.

Ces dispositions ne s'appliquent pas aux ambulances locales, dont l'action ne s'étend pas hors de la commune où sont établies les dites ambulances, qui demeurent d'ailleurs sous la surveillance des généraux commandant le territoire.

ART. 4. — Nul ne peut être employé par la Société de secours s'il n'est Français ou naturalisé Français, et s'il n'est dégagé de toutes les obligations imposées par la loi du 27 juillet 1872 sur le recrutement de l'armée et par la loi du 3 brumaire an IV sur l'inscription maritime.

Néanmoins, les hommes appartenant à la réserve de l'armée territoriale peuvent, exceptionnellement, sur des autorisations nominatives données par le Ministre de la guerre, être admis à faire partie du personnel employé par cette Société. Les demandes d'autorisation concernant les hommes de cette dernière catégorie seront adressées dès le temps de paix au Ministre. Les autorisations accordées par le Ministre seront valables même en cas d'appel de la classe à laquelle ils appartiennent.

Sont recrutés : les médecins traitants, parmi les docteurs en médecine; les médecins aides, parmi les docteurs en médecine ou les officiers de santé; les pharmaciens, parmi les pharmaciens diplômés.

ART. 5. — La Société est représentée :

A l'intérieur :

1° Auprès du Ministre de la guerre et du Ministre de la marine et des colonies, par le *président de la Société*;

2° Dans chaque région de corps d'armée où elle a des centres d'action, par un *délégué régional* nommé par le conseil supérieur de la Société, agréé par le Ministre de la guerre et accrédité par lui auprès du général commandant le corps d'armée.

Dans les 10ᵉ, 11ᵉ, 15ᵉ et 18ᵉ corps d'armée, les délégués régionaux sont également accrédités auprès des vice-amiraux commandant en chef, préfets maritimes.

Aux armées :

Dans chaque armée ou corps d'armée opérant isolément, par un *délégué d'armée* nommé par le conseil supérieur, agréé et commissionné par le Ministre de la guerre.

Lorsque la Société est appelée à coopérer au service des évacuations, elle est représentée par des *délégués spéciaux*, dont les nominations sont faites, au fur et à mesure des besoins, par le délégué d'armée, sauf l'agrément de l'Autorité militaire.

ART. 6. — Le personnel d'exécution : médecins, pharmaciens, comptables, etc., est exclusivement choisi par la Société, sous les réserves déjà indiquées à l'article 4, et sous la condition, pour les médecins, d'avoir été agréés par le Ministre de la guerre. Au début et préalablement au fonctionnement du service, les différents délégués régionaux et autres adressent aux Autorités militaires un contrôle nominatif du personnel employé sous leurs ordres. Ils font connaître, au cours du service, les mutations qui se produisent.

ART. 7. — Le personnel de la Société de secours, lorsqu'il est employé aux armées, est *soumis aux lois et règlements militaires*. Il est justiciable des *tribunaux militaires*, par application des articles 62 et 75 du Code de justice militaire.

ART. 8. — Le président de la Société de secours est l'intermédiaire entre le Ministre de la guerre et la Société.

C'est à lui que sont adressées toutes les communications officielles ayant pour objet l'organisation générale du service de la Société.

Dès le temps de paix, le Ministre de la guerre lui fait connaître les parties du service à l'exécution desquelles la Société doit participer en cas de mobilisation.

Au cours des opérations, il lui fournit toutes les indications utiles à son fonctionnement.

ART. 9. — Les délégués régionaux ne correspondent pas avec le Ministre ; ils s'adressent, par l'intermédiaire des directeurs du service de santé, aux généraux commandant les régions de corps d'armée, et, s'il y a lieu, aux vice-amiraux commandant en chef, préfets maritimes, pour toutes les affaires où l'intervention de l'Autorité militaire ou maritime peut être nécessaire.

Ils fournissent périodiquement un rapport sur le fonctionnement du service dans leur circonscription.

ART. 10. — Les délégués aux armées ne prennent aucune mesure, de quelque nature qu'elle soit, sans avoir préalablement obtenu l'assentiment des chefs militaires ; ils se conforment à tout ordre concernant le service que ces chefs leur adressent soit directement, soit par l'intermédiaire des directeurs du service de santé.

La correspondance adressée par les délégués au général commandant passe par l'intermédiaire des directeurs du service de santé.

ART. 11. — Aux armées, le personnel de la Société porte *un uniforme* déterminé par le Ministre de la guerre, sur les propositions de la dite Société.

Le même personnel est autorisé à porter le *brassard* institué en vertu de l'article 7 de la Convention de Genève, en date du 22 août 1864, dans les conditions déterminées par les règlements de la dite Société.

Les brassards sont exclusivement délivrés par le directeur du service de santé de la région et revêtus de son cachet et du numéro de série de la région, sur la production du contrôle nominatif du personnel indiqué à l'article 6.

Il est délivré en même temps une carte nominative qui porte le même numéro que le brassard, et qui est signée par le délégué régional et par le directeur du service de santé. Tout porteur de brassard doit être constamment muni de cette carte.

ART. 12. — A l'intérieur et aux armées, aucun établissement hospitalier ne peut être créé par la Société de secours, sans une entente préalable avec l'Autorité militaire au sujet de l'importance à donner à l'établissement et du choix de son emplacement.

La fermeture d'un établissement reste soumise à la même formalité d'entente préalable. Aux armées, la clôture ne peut être prononcée que par le Ministre ou par les généraux commandant en chef.

ART. 13. — La Société de secours se procure, pour chaque établissement qu'elle crée, le matériel nécessaire à l'exécution du service.

Toutefois, si l'organisation d'un établissement reconnu indis-

pensable ne peut être effectuée faute de certaines ressources en
matériel, l'administration de la guerre peut mettre exceptionnellement à la disposition de la Société, à titre de prêt, tout ou partie
de ce matériel.

Dans ce cas, la Société demeure responsable du matériel prêté,
dont il est dressé contradictoirement un inventaire évaluatif en
triple expédition.

L'une de ces expéditions reste entre les mains du délégué régional, la seconde est déposée dans les archives de l'administration
militaire locale, et la troisième est adressée au Ministre de la
guerre.

ART. 14. — Dans les localités où la Société de secours crée des
établissements hospitaliers, elle est tenue de fournir, avec ses
propres ressources, les denrées et objets de consommation nécessaires au traitement des malades.

Par exception, si la Société desservait des établissements dans
une place investie où les ressources lui feraient défaut, l'administration militaire pourrait lui fournir les denrées et objets de consommation reconnus nécessaires.

Ces fournitures, délivrées sur bons régulièrement établis et
visés par le sous-intendant militaire, seraient effectuées contre
remboursement par la Société dans la limite de ses ressources
financières.

ART. 15. — L'Autorité militaire détermine les catégories de blessés et de malades dont le traitement peut avoir lieu dans les établissements desservis par la Société.

ART. 16. — Les conditions de traitement des malades admis
dans les établissements desservis par la Société de secours, en
ce qui concerne le régime alimentaire, les prescriptions et le
fonctionnement du service intérieur, doivent autant que possible
se rapprocher des règles fixées par le règlement sur le service de
santé.

Le soin de régler cette partie du service appartient au délégué
régional ou à ses représentants.

Néanmoins, tous les établissements créés par la Société de
secours demeurent placés, au point de vue du contrôle et de la
discipline, sous la surveillance de l'Autorité militaire ; au point
de vue de l'hygiène et de l'exécution du service, sous celle du
directeur du service de santé de la région, ou de son délégué.

Les obligations et les attributions des employés comptables des établissements desservis par la Société sont, en ce qui concerne les décès, les mêmes que celles des comptables des ambulances des hôpitaux militaires.

ART. 17. — La Société de secours reçoit de l'administration de la guerre, par journée de malade traité dans ses établissements, à titre de part contributive de l'Etat, une indemnité fixe de 1 franc.

Cette indemnité n'est pas due pour les journées de sortie par guérison.

La Société reste chargée de faire procéder, à ses frais, *à l'inhumation des militaires décédés* dans ses établissements, ainsi qu'à *la célébration du service mortuaire*.

La même indemnité journalière de 1 franc est accordée à la Société pour tout militaire évacué dans un train sanitaire permanent, organisé par elle.

ART. 18. — Les délégations des sociétés de secours étrangères ne pourront être admises à fonctionner concurremment avec la Société française, que sur une autorisation formelle du Ministre de la guerre, et avec la réserve de se placer *sous la direction* de cette Société.

ART. 19. — Les règlements et instructions ministérielles sur le service de santé pourvoiront à la complète exécution des dispositions contenues dans le présent décret.

ART. 20. — Les dispositions du présent décret sont, en tenant compte de la spécialité du service maritime, applicables dans les *ports militaires*, dans les *colonies*, ainsi que dans les *pays étrangers*, pendant les expéditions maritimes.

ART. 21. — Sont abrogées toutes les dispositions des décrets et règlements contraires au présent décret.

ART. 22. — Le Ministre de la guerre et le Ministre de la marine et des colonies sont chargés, chacun en ce qui le concerne, de l'exécution du présent décret.

Fait à Paris, le 3 juillet 1884.

JULES GRÉVY.

Par le Président de la République :

Le Ministre de la guerre,

E. CAMPENON.

Le Ministre de la marine et des colonies,

A. PEYRON.

Rouen. — Imprimerie Julien LECERF.

La *Société* se compose indistinctement d'hommes et de femmes : ses membres reçoivent le titre de membre fondateur ou de membre souscripteur.

Elle est administrée par un Conseil composé de 50 membres, élus par les Fondateurs et choisis parmi eux.

Elle institue dans les chefs-lieux de départements et d'arrondissements des comités d'hommes et des comités de dames. — Pour les localités moins importantes, elle s'attache des Membres correspondants.

CONDITIONS A REMPLIR POUR ÊTRE MEMBRE DE LA SOCIETE.

On peut faire partie de la Société comme membre *fondateur* ou comme membre *souscripteur*.

On n'est admis comme *fondateur* que par le Conseil central de Paris, et sur la présentation de deux de ses membres ou d'un Comité de province.

On peut être admis comme *souscripteur* sur simple demande adressée à M. le Président.

Les Fondateurs versent une cotisation annuelle de 30 francs, — Les Souscripteurs versent généralement une cotisation annuelle de 10 francs.

Les dames peuvent faire partie de la Société comme membres fondateurs ou comme membres souscripteurs.

On est prié d'adresser toutes les communications concernant le Comité de la Seine-Inférieure au Docteur de Welling, rue Jeanne Darc, 85 *ter*, à Rouen.

LISTE DES ÉTATS

Ayant adhéré à la Convention de Genève, du 22 août 1864,
et dont les Sociétés de secours aux blessés constituent la Confédération
internationale de la Croix Rouge.

Allemagne, — Autriche, — Bade, — Bavière, — Belgique, — Bolivie, — Chili, — Danemark, — Espagne, — Etats-Unis de l'Amérique du Nord, — France, — Grande-Bretagne, — Grèce, — Hesse, — Hongrie, — Italie, — Japon, — Luxembourg, — Mecklembourg-Schwerin, — Monténégro, — Norwège, — Pays-Bas, — Pérou, — Perse, — Portugal, — Prusse, — République Argentine, — Roumanie. — Russie, — San-Salvador, — Saxe, — Serbie, — Suède, — Suisse, — Turquie, — Wurtemberg.

La Société française de secours aux blessés militaires fait partie de la Confédération internationale de la Croix Rouge et est appelée, pour cette raison, « *la Croix Rouge française* ».

N. B. — Le siège du Comité international de la Confédération est à Genève.

66

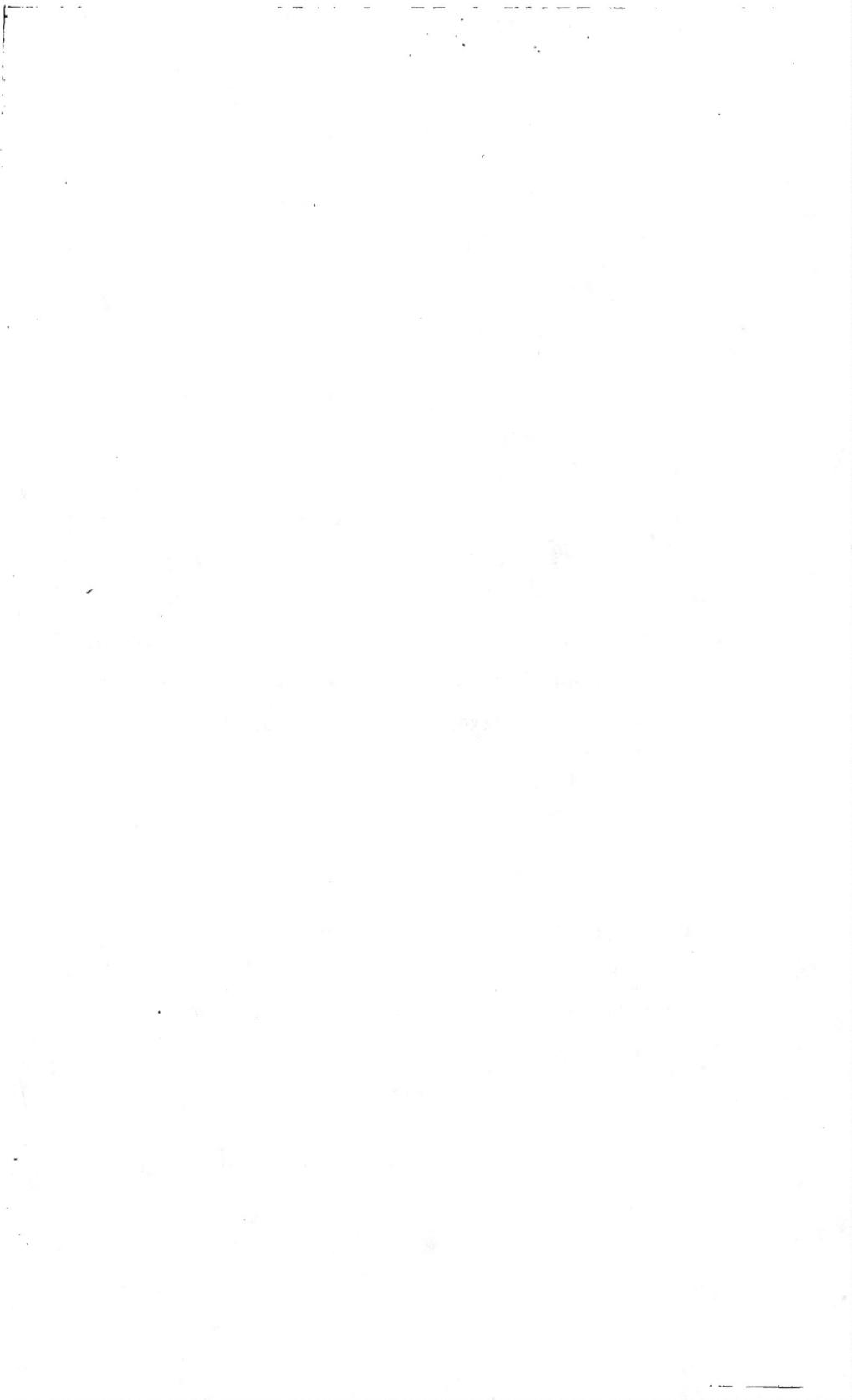

LISTE DES ÉTATS

Ayant adhéré à la Convention de Genève, du 22 août 1864,
et dont les Sociétés de secours aux blessés constituent la Confédération
internationale de la Croix Rouge.

————

Allemagne, — Autriche, — Bade, — Bavière, — Belgique, — Bolivie, — Chili, — Danemark, — Espagne, — Etats-Unis de l'Amérique du Nord, — France, — Grande-Bretagne, — Grèce, — Hesse, — Hongrie, — Italie, — Japon, — Luxembourg, — Mecklembourg-Schwerin, — Monténégro, — Norwège, — Pays-Bas, — Pérou, — Perse, — Portugal, — Prusse, — République Argentine, — Roumanie. — Russie, — San-Salvador, — Saxe, — Serbie, — Suède, — Suisse, — Turquie, — Wurtemberg.

————

La Société française de secours aux blessés militaires fait partie de la Confédération internationale de la Croix Rouge et est appelée, pour cette raison, « *la Croix Rouge française* ».

————

N. B. — Le siége du Comité international de la Confédération est à Genève.

66

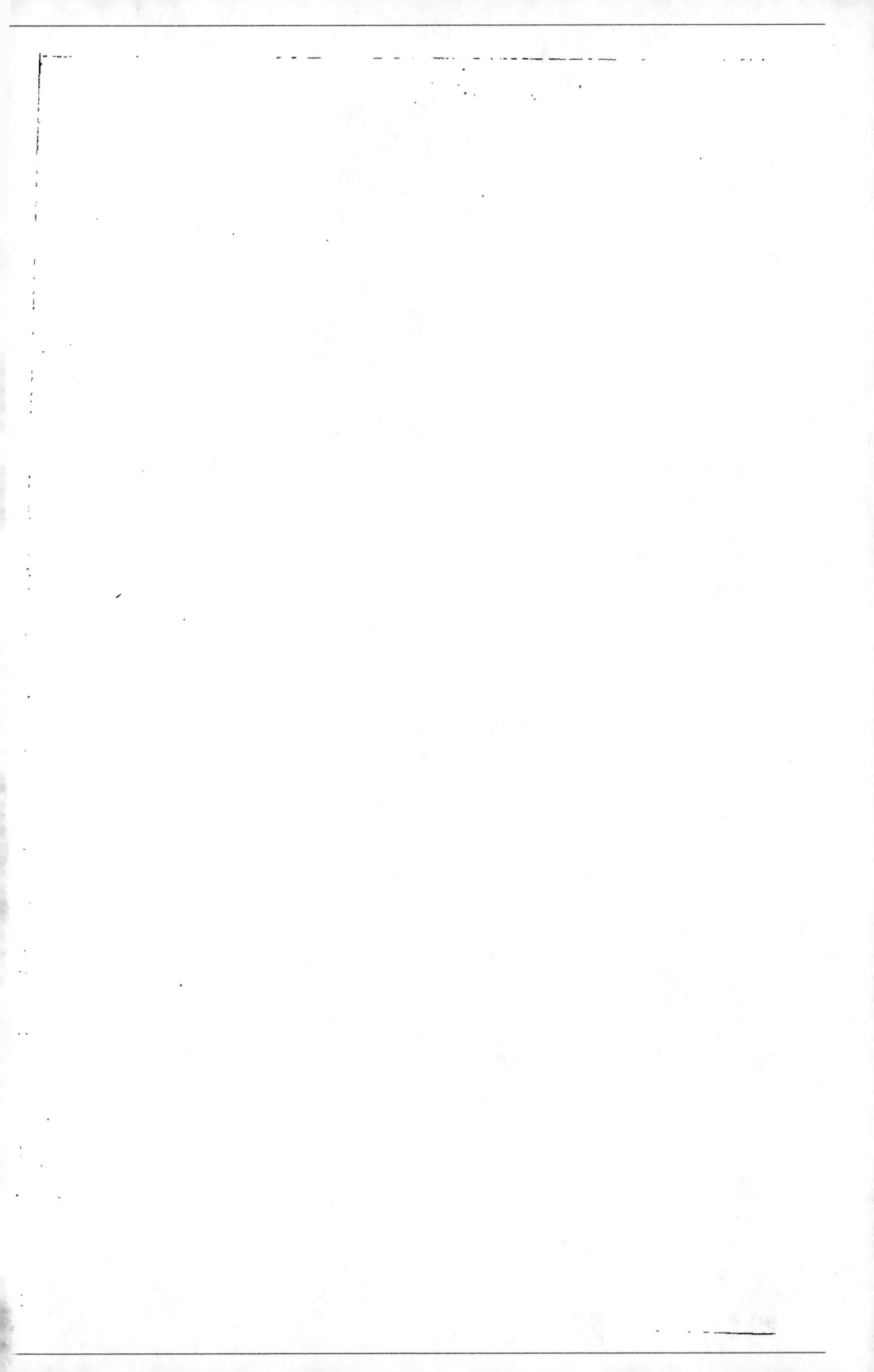

www.ingramcontent.com/pod-product-compliance
Lightning Source LLC
Chambersburg PA
CBHW060754280326
41934CB00010B/2477